BOURLOUDOUDOUR,

SON ORPHELINE ET SES VISIRS.

BOURLOUDOUDOUR,

SON ORPHELINE ET SES VISIRS,

HISTOIRE

QUI N'EST PAS AUSSI ORIENTALE QU'ON POURRAIT
LE SUPPOSER.

POUR SERVIR DE DOCUMENS AUX MŒURS CONTEMPORAINES
ET DE MANUEL AUX ÉLECTEURS.

Il faut se conformer au temps présent.

❀

L'un veut avoir raison ; l'autre n'avoir pas tort :
Rejetons-les tous deux pour les mettre d'accord.
Chapitre X.

PRIX : 2 FR.

Paris,

CHEZ L'ÉDITEUR, RUE DU FAUBOURG-MONTMARTRE, N° 29;
ET CHEZ LES MARCHANDS DE NOUVEAUTÉS.

1830.

PARIS. — IMPRIMERIE DE DAVID,
BOULEVART POISSONNIÈRE, N° 6.

BOURLOUDOUDOUR,

SON ORPHELINE ET SES VISIRS.

CHAPITRE PREMIER.

BOURLOUDOUDOUR.

Son règne de la paix enseigna les vertus ;
  Jamais la valeur sanguinaire,
    Qui de larmes couvrit la terre,
Ne fit chérir César à l'égal de Titus.

Après des vicissitudes sans nombre, le sage Bourloudoudour régnait en paix dans le Sisikankan. Ce monarque, renommé dans tout l'Orient pour la justesse de ses idées, était le père d'une jeune orpheline qui dès sa naissance annonçait une excellente constitution. Bourloudoudour, sans savoir positivement bien manier un fusil, avait long-temps suivi l'impulsion de ses courtisans, et tiré de droite à gauche ; puis, ennuyé de leur maladresse, il s'était mis à tirer de gauche à droite ; enfin, las de ne jamais toucher le but qu'il se proposait d'atteindre, il avait laissé à ses sujets la liberté de tirer comme ils l'entendraient. Il croyait par là satisfaire tout le monde, il ne contenta personne. Chaque Sisikankanois accusait Bourloudoudour des maux qu'il souffrait, et il ne voyait pas qu'une révolution nouvelle ayant déplacé les personnes et les choses, elles ne pouvaient se rétablir qu'à la suite des temps. L'un voulait tirer à droite, l'autre voulait tirer à gauche; celui-ci prétendait que tout allait de travers, parce que l'on visait trop bas; un troisième assurait, au contraire, qu'on appuyait à gauche, parce que l'on visait trop haut. « Ah! que nos pères l'entendaient mieux que nous, disait un jeune émir en se carressant gracieusement la barbe; nos pères tiraient dans un juste milieu, et ils se trompaient rarement : avec eux il y avait accord, équilibre, proportion; au lieu de tout cela qu'avons-nous maintenant? une jeune orpheline de la plus frêle existence! Bourloudoudour avait bien besoin de nous soumettre aux lois d'un enfant qui ne vivra pas! Il a détruit l'harmonie qui existait à Sisikankan. » — « Belle harmonie, ma foi, que celle qui consistait à s'entre-détruire, lui répondit Minérabondos, ministre éclairé s'il en fût jamais. Sachez, présomptueux émir, que Bourloudoudour m'a honoré de sa confiance parce que j'ai été assez heureux pour guérir l'orpheline qu'il aime d'une indisposition qui menaçait ses jours. Chez elle le cœur et l'estomac étaient malades; elle digère bien maintenant, grâce à trois cents convives qui sont persuadés, comme moi, que les plus doux accords viennent du ventre; aussi suis-je empressé de soigner les leurs et le mien. »

CHAPITRE II.

—

MINÉRABONDOS.

.... Que pretends-tu toi-même?
Qu'ai je à me reprocher en ce moment suprême ?
De la guerre civile ai-je dans tes cités
Apporté les horreurs et les calamités ?
Ai-je courbé ton front sous un joug despotique,
Ou détruit de tes droits le privilége antique ?

Bourloudourour aimait beaucoup Minérabondos.
Ce visir lui expliquait des énigmes sans fin : doué d'une
imagination heureuse, il était au courant de toutes les
petites intrigues des harems du Sisikankan, dont il savait
à propos amuser le sultan. Il l'aborda un jour avec la
physionomie sombre et soucieuse d'un uléma qui réflé-
chit, faute de penser : « Qu'y a-t-il, Minérabondos ?
D'où vous vient cet air pensif ? vous que je vois toujours si léger, lui dit le sultan. — Que Votre Hautesse
épargne votre esclave indigne, répondit le visir ; les
hommes valent-ils la peine que l'on s'occupe d'eux ? —
Je m'en suis occupé toute ma vie, lui dit Bourloudoudour, et je ne m'en trouve pas mal. C'est à l'étude
spéciale que j'ai faite de leur caractère que je dois d'avoir
dompté le génie Avanturasanfin et d'être remonté sur
le plus beau des trônes de l'univers. — La combinaison

des effets, celle des sensations n'a été donnée qu'à peu d'êtres privilégiés, répliqua Minérabondos ; jusqu'à présent, Votre Hautesse était de ce nombre ; mais je dois avouer à Votre Sagesse que le peuple Sisikankanois est las d'être heureux : il se plaint hautement, il redemande à porter le joug dont l'avait délivré votre orpheline. Il dispute sur les places publiques, dans les carefours ; il prétend que l'on tire trop à gauche, que la conformation de tous les habitans de l'empire Sisikankanois va s'en ressentir, qu'ils auront l'épaule droite en arrière et le dos voûté, ce qui fera qu'ils seront tous bossus. Moi-même, Étoile du Midi, moi, votre fidèle Minérabondos, je suis en butte à plus d'un sarcasme, et votre jeune orpheline, que l'on trouvait si belle et si gentille, maintenant mésestimée, désappréciée, paraphrasée, rejetée, est l'objet de l'envie et de la haine de tous. — Peuple enfant et turbulent ! s'écria Bourloudoudour, tu veux courir, sauter, bondir ; tu demandes de l'exercice, tu en auras. Allez, Minérabondos ; je me sépare de vous à regret, la nécessité m'y contraint ; allez prévenir Aigrefifignagnas, je l'admets au conseil. »

CHAPITRE III.

—

AIGREFIFIGNAGNAS.

Comment! on le disait habile,
Adroit, spéculateur malin,
Et voilà qu'un tour de scrutin
Le fait changer de domicile!

AIGREFIFIGNAGNAS n'avait jamais aimé les courses, les armes, la danse; au combat du lion, il ne s'était pas fait remarquer. Sa passion dominante était d'argumenter, et il argumentait bien. A force de se creuser la tête pour en faire sortir quelque chose, il était parvenu à démontrer que trois valent cinq. Ce calcul profond lui avait coûté un travail immense. Introduit auprès de Bourloudoudour : « Votre système, lui dit le sultan, est ingénieux ; vous me l'avez présenté avec autant de talent que de grâce, et vous en avez beaucoup. Je vous fais le chef de tous mes visirs ; de vous seul émaneront les ordres souverains que je vais donner ; mais je vous préviens que je n'entends heurter l'opinion de personne, et qu'il faut que tous les Sisikankanois soient satisfaits de votre élévation. » Aigrefifignagnas remercia le sultan. Ainsi que Minérabondos, ce visir était persuadé que les sons harmoniques viennent du ventre ; il pénétra donc tout de suite le secret qui fesait agir le sultan : il accepta les conditions proposées, bien résolu qu'il était de mettre tout en usage pour opérer la grande fusion des estomacs. Ses conjectures se vérifièrent ; il dissimula l'épaule gauche avec adresse et appuya à droite..... Alors, fort d'un grand nombre de gourmets, amateurs du breuvage défendu par Mahomet et friands d'un tubercule qu'on tirait à grands frais des provinces périgourdines, il se décida à supporter stoïquement la situation où il se trouvait..... Il y eut bien, par-ci, par-là, dans l'empire sisikankanois, quelques contorsions, quelques grincemens de dents ; mais ils furent étouffés aussitôt que poussés, et Bourloudoudour alla rejoindre ses pères, convaincu qu'il avait assuré un état brillant à son orpheline, et le bonheur du Sisikankan.

CHAPITRE IV.

—

HERCANTAS.

> Il fuit des courtisans et le faste et l'orgueil ;
> Son palais, ouvert au mérite,
> Rassemble des talens l'élite :
> L'austère vérité peut en franchir le seuil.

AIGREFIFIGNAGNAS, quoique paraissant bon homme, avait des accès d'humeurs; ils tenaient à la province où il avait reçu le jour, et non pas à son cœur, que l'on disait excellent, quoique l'on assure positivement que la force du terroir lui faisait promettre toujours sans tenir jamais. Souvent la passion d'autrui le jetait hors de lui-même..... et elle lui faisait faire des incartades dont il était tout honteux. Pour se remettre en place, il avait alors recours à ses nombreux amis, qui, se rappelant la bonté de sa table, savaient le tirer d'affaire à propos. Eux et lui ne s'engraissaient pas mal. Cela dura quelque temps; mais le peuple finit par s'apercevoir que leur embonpoint l'amaigrissait lui-même, et les cris qu'il poussa furent si unanimes, qu'il fallut se rendre. Aigrefifignagnas, accusé, injurié, bafoué, fut trouver Hercantas le digne, qui avait succédé à son frère Bourloudoudour. « Commandeur des croyans, lui dit-il, votre frère, de glorieuse mémoire, en me chargeant de gouverner en son nom, me dit qu'il ne voulait heurter l'opinion de personne; j'ignore si ses sentimens sont les vôtres... — Oui, dit Hercantas; qui a fait Omar a fait Abubecker..... — Vous prononcez ma condamnation, Étoile du Matin, répliqua le grand-visir : l'esprit humain est composé de substances hétéroclites toutes avides de haine; je crains chaque jour de voir s'augmenter le nombre des mécontens, jaloux de mon élévation, et c'est pour arrêter les effets de cette haine que, quoique certain de la majorité des votes de la chambre des sages, je viens proposer à Votre Hautesse de la dissoudre et d'appeler les Sisikankanois qui possèdent quelque chose à faire valoir leurs droits..... Ce que nous tenons est fort bon, ce que nous devons avoir sera meilleur. » Cette pensée fit sourire Hercantas... « Êtes-vous certain de votre fait, dit-il à Aigrefifignagnas ?... — Mais je le pense... — Vous le pensez ?... — Certes!... — Vraiment ?.. — Sans doute... — Oh! oh!.... Vous croyez-donc ?.... — Oui, je crois..... — Alors... — Eh bien ?.. — Agissez... — J'agirai... »

CHAPITRE V.

—

CAMITIGNADUL.

Il parle en tous les sens pour gagner tous les cœurs...

AIGREFIFIGNAGNAS agit en conséquence ; mais, prévenu par le comité des girouettes, qu'il avait offensé, il ne fit rien qui vaille. Les Sisikankanois, las de toujours tourner, de n'arriver jamais, et de porter tantôt une bosse à droite, tantôt une bosse à gauche, envoyèrent à la chambre des sages des caractères violens, irrascibles, jaloux pour les uns, peu confians pour les autres. Le visir avait négligé le cœur des Sisikankanois ; il ne s'était attaché qu'à tromper tous les partis ; et au lieu des services qu'il attendait d'eux, n'en ayant reçu que des camouflets, il fut forcé d'abandonner la partie et de se retirer des affaires. Camitignadul, le beau parleur, le remplaça. Cet homme d'état était assez aimé à la cour d'Hercantas , quand il fut choisi pour succéder à Aigrefifignagnas..... On attendait beaucoup de son administration. Né malin, il avait la répartie vive, l'œil spirituel, un sourire gracieux effleurait continuellement ses lèvres. Amateur très-prononcé du beau sexe, le goût qu'il avait pour cette séduisante moitié du genre humain ne lui faisait pas négliger ses devoirs.

CHAPITRE VI.

—

DIEU VOUS BÉNISSE, DIEU VOUS PROTÉGE.

LE LOUP.

Choisis entre nous deux.

LE FRÈRE LOUP.

Je veux te rendre heureux.

L'AGNEAU.

Dieu vous bénisse.

LE LOUP.

Que dis-tu, malheureux! Qu'on le livre au supplice.

L'AGNEAU.

Quel crime ai-je commis?

LE LOUP.

Il ose interroger!

L'AGNEAU.

Il le faut bien.

LE LOUP.

On connaît ton manége.

L'AGNEAU.

Mon manége?

LE LOUP.

Oui.

L'AGNEAU.

Dieu vous protege.

LE LOUP.

Tu blasphêmes.

LE FRÈRE LOUP.

Il faut sur-le-champ le manger.

Les Sisikankanois étaient à cette époque partagés en deux camps, qui chacun avait arboré une bannière différente..... Sur l'une était écrit, *Dieu vous bénisse ;* sur l'autre, *Dieu vous protége...* Chaque parti, devenu tour à tour intolérant, poursuivait son adversaire avec acharnement, celui-ci prétendant qu'après un éternuement, un *Dieu vous bénisse* était bien plus poli qu'un *Dieu vous protége ;* cet autre assurant au contraire qu'un *Dieu vous protége* était plus bienveillant, puisqu'il laissait dans l'esprit quelque chose de la protection accordée par l'Être des êtres. Il y avait aussi une troisième classe de Sisikankanois, qui, ayant marché sous les drapeaux du grand Avanturasanfin, se moquait des partisans de *Dieu vous bénisse,* de ceux de *Dieu vous protége,* et assurait que de leur temps on laissait éternuer chacun comme il l'entendait, et que les choses n'en allaient pas plus mal. Un certain banquier, *Moroproprio,* très-riche en belles paroles, mais très-avare de bonnes actions, lorsqu'il savait qu'elles ne pouvaient être connues, était le chef apparent de ceux-ci. L'adroit Camitignadul, en flattant à propos les chefs de chacun des partis, s'était bien fait venir de tous ; il espérait que la majorité du vote des émirs lui serait acquise... Il espérait que les mandataires Sisikankanois se lasseraient d'être toujours tournoyans...... Il espérait enfin réunir tous les esprits, et pour cela il avait établi des conférences, où l'on devait discuter chaque point de droit sur la qualité des éternuemens. Il avait compté sans son hôte.

CHAPITRE VII.

—

GRANDE CONFÉRENCE SUR LA QUALITÉ DES ÉTERNUEMENS.

> On assembla chez le visir
> Gens du bel air, gens de negoce ;
> Entre deux vins, pour mieux choisir,
> On discuta les droits de chaque bosse.

Aux conférences de Camitignadul, qui avaient lieu ordinairement après un bon dîner, se faisaient remarquer : Un ancien bonze, qui avait gagné des sommes énormes par le perfectionnement qu'il avait apporté à l'usage de la colle à bouche, aussi c'est à lui que l'on doit le charmant mot *coller quelqu'un;* un général très-distingué, n'ayant jamais commandé en personne, ne s'étant jamais trouvé sur un champ de bataille, mais ayant écrit des choses superbes sur l'art de la guerre ; un savant qui, lors des troubles du Sisikankan, avait écrit tour à tour, et quelquefois en même temps, pour les deux bosses ; un cadi très-fort sur l'alcoran, mais peu sur le sens commun ; un publiciste moral, grand voyageur, dont les traites s'escomptent à cinquante pour cent de perte ; enfin, deux banquiers de seconde ligne, giaours parvenus, mais ayant plus de morgue et d'arrogance à eux seuls, que tous les descendans de Mahomet ensemble.

CHAPITRE VIII.

SUITE DE LA GRANDE CONFÉRENCE SUR LA QUALITÉ
DES ÉTERNUEMENS.

> L'un dit oui, l'autre dit non.
> Ont-ils tort, ont-ils raison ?

CES six personnages recommandables étaient délégués par les partisans de *Dieu vous bénisse*, et ils devaient, dans les conférences établies par Camitignadul, démontrer la supériorité que, grace à feu Bourloudoudour, il avait acquis sur *Dieu vous protége*. Vis-à-vis d'eux, on remarquait, assis par droit d'aînesse, le plus ancien des sectaires de *Dieu vous protége* ; à défaut de bonnes raisons, il eût volontiers allumé des bûchers pour convaincre ses antagonistes de la bonté de la cause qu'il défendait. On le reconnaissait facilement à ses sourcils noirs et arqués, ainsi qu'au sourire sardonique qui formait un contraste avec la gravité de sa figure ; à côté de lui, on distinguait, à l'urbanité de ses paroles, l'ami et le compatriote d'Aigrefifignagnas. Un peu plus loin se faisait apercevoir le chef du parquet de la seconde ville du Sisikankan ; plus bas, le gai directeur du cabinet des antiques. Enfin, derrière les chefs de file, deux descendans en ligne directe de Brama, autrefois grands partisans de *Dieu vous protége*, mais qui semblaient pencher maintenant pour *Dieu vous bénisse*. A peine la séance était elle ouverte , que Camitignadul lui-même, surpris par un éternuement subit, ne put se contenir, et qu'il laissa échapper deux ou trois *ouah! ouah! ouah!!* Au même instant , les *Dieu vous bénisse! Dieu vous protége !* partirent de toutes parts ; c'était à ne pas s'entendre : vainement Camitignadul réclama la parole , quoiqu'on sût qu'il était *diseur* habile ; son éloquence échoua , et les parties se séparèrent aussi peu avancées qu'elles l'étaient auparavant. A quelques jours de-là, Camitignadul essuya une autre défaite : chargé par Hercantas le bien-avisé de proposer à la chambre des sages deux nouveaux systêmes enchâssés l'un dans l'autre, appropriés au temps , aux mœurs, et à l'éducation Sisikankanoise, il trouva dans les deux partis bossus une opposition au bien qu'il voulait faire. On se réunit pour repousser les améliorations qu'il avait proposées. Fatigué des tracasseries sans nombre qu'on lui suscitait , il lui échappa de dire qu'il avait affaire à des étourneaux et non à des hommes. L'événement prouva qu'il avait raison ; car Hercantas , ennuyé de voir que les épaules des Sisikankanois, qui penchaient toutes à droite, étaient maintenant arrondies à gauche, ne trouva d'autre palliatif pour les redresser, que d'appeler au conseil Pagnaclipol , son représentant dans l'île de Punicofaux.

CHAPITRE IX.

—

PAGNACLIPOL.

De son oppression, le peuple vous accuse ?

PAGNACLIPOL.

Moi ! l'opprimer ?

AMROU.

Oui , vous, seigneur.

PAGNACLIPOL.

On vous abuse.

PAGNACLIPOL fut assailli à son arrivée dans les états Sisikankanois par tant de huées , que jamais jongleur n'en reçut de pareilles. On lui reprocha tous les actes de sa vie privée ; il n'y eut pas jusqu'à la fidélité qu'il avait dans un temps éloigné montrée à toute la race de Bourloudoudour, qu'on ne lui imputât à mal. On assurait qu'il avait d'avance fait un traité avec les partisans de *Dieu vous protége*, et qu'il ne s'agissait rien moins que de proscrire en massse les *Dieu vous bénisse*. Avant même qu'aucun acte politique n'eût fait connaître la ligne de conduite qu'il se proposait de suivre, avant qu'on sût s'il allait travailler à l'amélioration de l'espèce humaine, ou l'arrêter dans sa base, quelques Sisikankanois, qui se disaient écrivains, tandis qu'ils n'étaient que barbouilleurs, qui prétendaient agrandir le domaine des sciences et des arts, tandis qu'ils ne pouvaient que le retrécir ; qui assuraient qu'ils avaient contribué aux réformes de l'Etat, tandis que les progrès de la raison et des lumières les avaient rendues indispensables, et qu'ils y étaient tout à fait étrangers, Sisikankanois dangereux à cause des opinions qu'ils professaient dans des saturnales quotidiennes, en imposaient à la multitude et prétendaient commander à ses choix. Il faut avouer qu'ils étaient bien servis par Pagnaclipol lui-même : ce visir ne s'était entouré que d'hommes étrangers à l'esprit public, aux mœurs sisikankanoises et aux perfectionnemens politiques que le temps avait rendus nécessaires. Ils lui faisaient faire faute sur faute ; et, sans un événement inattendu, résultat d'une guerre lointaine, ils auraient, par leur inexpérience des affaires, livré le Sisikankan à une horde d'intrigans ambitieux.

CHAPITRE X.

—

DES JONGLEURS TANT-PIS ET DES JONGLEURS TANT-
MIEUX.

L'un veut avoir raison, l'autre n'avoir pas tort;
Rejetons-les tous deux pour les mettre d'accord.

LONG-TEMPS le Sisikankan en paix expulsa de son
sein les jongleurs adroits qui prétendaient élever leur
fortune particulière sur les débris de la fortune publique ; long-temps, dans cet heureux pays, pour acquérir
les honneurs et la gloire, il fallait s'en rendre digne : les
meilleures choses ont une fin. Un beau matin, par un
enchantement subit, les Sisikankanois s'avisèrent de
croire qu'ils étaient nés pour penser et non pour travailler ; aussitôt, parut une foule d'écrits qui lut-
taient d'absurdité. L'un, songe-creux politique, voulait
de son grenier conduire l'État, tandis qu'il n'avait jamais su se conduire lui-même ; l'autre, qui pendant
toutes les guerres du Sisikankan était resté dans un lâ-
che repos, donnait, maintenant que la paix régnait d'un
bout du monde à l'autre, des leçons de stratégie mo-
derne. Celui-ci rêvait à améliorer les finances de l'Etat,
lorsque de mémoire d'homme on ne les avait vues dans
un état plus prospère ; cet autre voulait changer les lois,

et les formes du gouvernement : il prétendait que ce qui était *caduc* valait mieux que ce qui était neuf. Tous ces insensés devaient nécessairement défendre, les uns, *Dieu vous bénisse*, les autres, *Dieu vous protége* ; c'est ce qui arriva : parmi les premiers, se faisait remarquer par le scandale qu'il aimait à provoquer, un pantin à qui son père, honnète limonadier, à force de presser des citrons, avait laissé trois cents mille talaris; il avait cédé à la contagion et dissipé son argent à élever un autel à la sottise. On y sacrifiait chaque matin; le grand-prêtre de ce lieu sale et infect était le jongleur Tant-Pis, qui depuis long-temps eût dû être renfermé à l'hôpital des fous. L'imagination déréglée de ce malheureux char-latan n'enfantait que spectres, meurtres, échafauds : il eût été autrefois fessé publiquement dans les rues de Sisikankan ; mais grâce à ses nombreux amis, au lieu de la correction qu'il méritait, tous les jours une troupe de baudets, ses affidés, lui passaient l'encensoir sous le nez. Parmi les seconds, on apercevait, au cynisme de sa conduite, un bateleur qui avait travaillé long-temps pour les tréteaux: tantôt blanc, tantôt noir, ayant changé cent fois de ton et d'allure, cet homme multiforme, qui maintenant criait à tue-tête tant mieux, était malheu-reusement pour lui trop connu des Sisikankanois. Il eût bien voulu faire changer la signification des mots; il eût bien voulu pouvoir faire effacer plusieurs pages du *Verselniteur*, livre public où s'inscrivaient les actions et les discours des Sisikankanois célèbres, de l'une ou de l'autre bosse ; livre qui portait un témoignage irré-cusable de la versatilité de sa conduite politique. Mais, dévoré de soucis, de regrets, la honte était attachée à son front, et le stigmate qui l'avait frappé était indélébile.

Le visir Pagnaclipol eut le tort impardonnable de ne pas renvoyer au néant, d'où ils étaient sortis, les jongleurs Tant-Pis et Tant-Mieux. L'un eut la direction de deux ou trois palais enchanteurs, qui de temps immémorial avaient servi de temple aux plaisirs et à la folie, ainsi qu'aux amusemens du peuple ; il vivait des charités du visir, et chaque matin, pour prix de ses bienfaits, le payait en injures. L'autre, toujours maltraité par la fortune, dont il avait lassé la patience, et qui pouvait mieux employer ses faveurs, recevait des deniers de l'État une certaine somme pour se taire ; mais la force de l'habitude le faisait parler, et ses écrits, répandus avec profusion dans le Sisikankan, n'inspiraient pas plus de conviction à ses lecteurs qu'il n'en éprouvait lui-même en les composant, quelle que fût la bonté des doctrines qu'il y professait.

CHAPITRE XI.

—

TROISIÈME CONVOCATION DE L'ASSEMBLÉE SANDÉHÉROTE.

Que va-t-il résulter de ce conventicule?
C'est du conseil des rats le debat ridicule.

Ce jongleur éhonté, ainsi que ses amis, avaient beau crier aux Sisikankanois : cela va mal, Pagnaclipol vous trompe, on ne faisait pas plus d'attention à leurs paroles que s'ils eussent été muets. On ne pensait dans la ville capitale du Sisikankan qu'à s'amuser; tout le monde, riche ou pauvre, laid ou beau, partisan de *Dieu vous bénisse*, de *Dieu vous protége*, ou d'Avanturasanfin couraient après le plaisir; on faisait des sauts, des cabrioles, on chantait, on dansait, et l'on s'embarrassait fort peu des discours insensés des jongleurs, Tant-Pis et Tant-Mieux. Le visir étoit en cela merveilleusement servi par un homme de talens, qui depuis vingt ans était le chef politique de la capitale du Sisikankan. Ce laborieux émir, quoiqu'accablé d'infirmités, fruits de ses longs travaux, voyait tout par lui-même : à sa voix nombre de palais s'étaient élevés comme par magie, des rues sales et étroites avaient été agrandies, des hopitaux avaient été fondés, de nouvelles mosquées s'édifiaient;

et c'est à un seul homme que la capitale devait les nombreux embellissemens qui attiraient dans son sein les étrangers de tout l'univers. On devait espérer que l'état prospère de la capitale et celui des provinces forceraient l'envie à se taire, il n'en fut pas ainsi ; le visir Pagnaclipol dès son arrivée au conseil, avait été en butte à des insinuations perfides ; sa vue s'était portée sur l'ensemble, et non sur les détails de l'administration ; il avait laissé circuler librement des écrits séditieux qui devaient détruire l'équilibre des éternuemens ; suivi de ses amis, il se présenta à l'assemblée *Sandéhérote,* il proposa des améliorations : elles venaient de lui, l'esprit de parti les fit rejeter. Vainement voulut-il ensuite montrer aux Sisikankanois qu'il fallait maintenir la balance entre le froid et le chaud ; on feignit de ne pas le comprendre. Il fut trouver Hercantas, lui présenta la situation des hommes, celles des choses ; Hercantas jugea qu'il était temps de déplacer les éternueurs, et d'appeler une troisième fois les Sisikankanois à envoyer à l'assemblée *Sandéhérote* des mandataires un peu moins passionnés pour les bosses droites, ou pour les bosses gauches. Réussit-il? ne réussit-il pas?

CHAPITRE XII.

—

AVANTURASANFIN.

Il quitte l'exil et la vie,
L'histoire allume son flambeau ;
A sa clarté, la pâle envie
N'ose approcher de son tombeau.
Ce rocher, ces grottes profondes,
Où la mer vient briser ses ondes,
Ne peuvent plus le retenir.
Il est libre ; et la renommée,
Sans or, sans flatteurs, sans armée,
Porte son nom dans l'avenir.

L'ÉPOQUE où les Sisikankanois se rassemblaient pour choisir les *fortes bosses* qui allaient siéger à l'assemblée *Sandéhérote* était une époque de cabale ; les uns disaient oui, les autres disaient non ; quelques uns ne disaient ni oui, ni non ; ce qui fait qu'il y avait à prendre et à laisser pour tout le monde. Il s'agissait dans chaque ville de faire un bon choix ; chose toujours difficile. Il s'agissait, pour l'élu, de faire entendre à chaque élisant qu'il serait son obligé et qu'il le protégerait : le nombre des Sisikankanois protecteurs étant de 430, celui des protégés élisant se trouvant être de 80,000, on voit qu'il y avait là une belle marge. Le Sisikankan ne jouissait de la liberté de penser que depuis Bourloudoudour ; il devait cette faculté précieuse à l'orpheline de ce grand sultan, et déja les habitans légers de cette belle contrée mettaient tout en usage pour s'en rendre peu dignes. Outre la grande dispute des éternuemens, les Sisikankanois étaient divisés sur beaucoup d'autres points de droit, ou plutôt ils n'en avaient pas. Après des événemens qui tiennent du prodige, des guerres désastreuses, de la gloire, des défaites, des victoires, le belliqueux Avanturasanfin était parvenu à réduire au silence et à terrasser tous ses adversaires ; mais occucupé à soutenir des luttes continuelles, il avait tout à fait négligé l'étude des lois, et puis, que faisait cette étude à ses projets de conquêtes, lui qui, à chaque nouveau succès couronnant ses armes, privait le Sisikankan d'une liberté. Il tomba, et ce colosse immense entraîna dans sa chute tout ce qu'il avait élevé. On vit chacun de ses amis se presser de l'abandonner, être honteux de l'avoir connu, et travailler à se faire le meilleur lot possible. Les *grands*, qui lui devaient tout, qu'il avait accablé d'honneurs et de richesses, le quittèrent les premiers. Les *moyens*, dont il avait agrandi la carrière sociale et politique, suivirent l'exemple des hauts parvenus ; et les *petits*, qui n'y entendaient point finesse, marchèrent ensuite. On croyait que tout était terminé, et que le monde troublé depuis un quart de siècle allait enfin se reposer de ses fatigues. Ne voilà-t-il pas qu'au bout d'un an, Avanturasanfin, mécontent de son propre ouvrage, déchira le traité qu'il avait conclu, et qu'il en présenta une parcelle à tous ceux qui avaient suivi sa fortune. Qui fut embarrassé ? toutes les girouettes et les indécis. Les uns avançaient, les autres reculaient. Le nombre de ces derniers se trouva si petit qu'on put les compter. Dieu sait quel enthousiasme le retour d'Avanturasanfin produisit dans le Sisikankan. L'avez-vous vu? marche-t-il? arrive-t-il? Quelle est la ligne la plus courte pour le rejoindre, disait l'un? c'est la ligne courbe, répondait l'autre. Il la suivit, et il ne tarda pas à s'en repentir; car, à quelques mois delà, les mots et les choses ayant changé de signification, on fut pour lui sans pitié.......... Cependant, Avanturasanfin touchait à peine la terre, son mouvement était bien le plus rapide, le plus impétueux, le plus inoui qui jamais se fût vu; il confondait tous les calculs de la raison et de l'expérience; au lieu de suivre les chemins battus, il s'était frayé une nouvelle route à travers les champs, il galoppait comme un diable, sans regarder autour de lui s'il n'éclaboussait personne. S'il rencontrait sur sa route quelqu'un de sa connaissance, aussitôt ce quelqu'un, par la puissance des souvenirs, augmentait son escorte. Cette escorte devint formidable, il devait avec elle galopper jusqu'au bout du monde : à peine en route, son coursier se cabra, le héros tomba, et vainement chercha-t-il par mille efforts à se relever, vainement, saisissant sa redoutable épée, frappa-t-il de pointe et de taille, à droite et à gauche; quoiqu'il eût fait une belle résistance, il croula pour jamais : sa destinée fut aussi affreuse qu'elle avait été jusqu'alors souverainement heureuse; vivant, il pleura la perte de sa femme, de son enfant, de sa gloire, de sès amis; bientôt, nouveau Prométhée, il succombe à ses maux, il meurt, son corps est déposé sur un rocher, au fond de l'Atlantique, son tombeau touche aux deux mondes, et son sort instruit les peuples et les rois.

CHAPITRE XIII.

—

TIREZ BAGUETTE, TIREZ ETTE.

> La routine a le pas tardif,
> Mais le génie est inventif. -

LA mort d'Avanturasanfin ayant entraîné celle de tous ses amis, qui n'eurent que le temps de se retourner à propos, alors il s'éleva dans le Sisikankan des disputes interminables, entre les partisans des anciennes idées et les prosélites des nouvelles. Sous cet homme, plus qu'homme pour les uns, moins qu'un homme pour les autres, tous les perfectionnemens s'étaient portés sur la théorie et la pratique de l'art de la guerre. Ainsi tandis qu'avant lui, à peine pouvait-on tirer deux coups d'un fusil de munition à la minute, pendant tout le temps qu'il commanda la charge en douze temps, on en tira cinq; cela provenait des abrévations qu'il avait introduites ; du commandement bref de *tirez ette*, au lieu de celui *tirez la baguette*. Mais après sa chute, les anciennes idées ayant prévalu, *tirez ette* fut proscrit, on revint au vieux dicton *tirez la baguette*. Le long froissement causé entre ces deux commandemens était loin d'être terminé ; le premier ne fit que passer, bientôt il essuya une disgrace complette ; on trouva qu'il n'était plus praticable, il fut renversé aux acclamations d'une génération nouvelle avide de tout ce qui pouvait accélérer le mouvement de la machine guerroyante.

CHAPITRE XIV.

—

DELPHINAR.

Je te revois, patrie, idole de mon cœur ;
Toi seule me guidait dans les champs de l'honneur.
J'ai, sous tes étendards, rappelé la victoire ;
Jeune encor, de ton nom j'ai conservé la gloire.

DELPHINAR, héritier présomptif de la couronne Sisikankanoise, étendit la puissance de ses idées sur *tirez ette.* La trompette de la guerre sonnait, il fallait faire marcher les étendarts Sisikankanois chez un peuple voisin, qui, pendant huit ans, avait fait des efforts incroyables pour les repousser, et était parvenu, la tête enflammée des grandes pensées d'indépendance, à montrer qu'Avanturasanfin n'était pas invincible. Delphinar était convaincu qu'il manquait quelque chose à ce peuple qui avait trouvé une orpheline que son souverain aurait dû lui accorder, mais qu'il lui refusait. Chargé par Bourloudoudour de voir par lui-même quelle était la constitution de cette jeune orpheline, tantôt désirée et tantôt maudite, et à laquelle il manquait bien quelque chose pour être agréable à tout le monde, il jugea convenable de se faire accompagner dans la promenade politique qu'il fit, par cent mille désœuvrés qui avaient la plupart pris déjà ce genre d'exercice d'un bout du monde à l'autre, sous les ordres d'Avanturasanfin, et qui tous avaient adopté son système de commandement. Cette promenade , faite dans un but utile et conduite avec art, eut un résultat éclatant; elle confondit les vieux partisans de *tirez la baguette*. Peu-à-peu la cour d'Hercantas se peupla d'hommes sages , partisans des combinaisons nouvelles. Sa force ne tarda pas à s'étendre, son système prit de la consistance ; éclairé sur ses vrais intérêts, le peuple adopta avec enthousiasme une guerre lointaine , parce qu'elle était juste : il s'agissait de punir un tyran féroce , dont le bras de fer pesait sur une contrée autrefois belle et florissante. La justice éclatante parut au milieu des mers; elle donnait la main à la victoire : le repaire horrible de ce forban disparut, l'armée Sisikankanoise cueillit de nouveaux lauriers, et la dynastie de Hercantas fut affermie à jamais.

CHAPITRE XV.

—

GRANDE QUERELLE ENTRE LES BOSSUS.

LA BOSSE DROITE.
« Quoi ! tu ris de ma bosse ?
LA BOSSE GAUCHE.
Et tu ris de la mienne.
LA BOSSE DROITE.
Elle est à gauche.
LA BOSSE GAUCHE.
Et j'en suis glorieux.
Si je l'avais à droite !..... Ah ! rougis de la tienne.
LA BOSSE DROITE.
En rougir ! j'en suis fier...» Ils ont raison tous deux.

LES grands dissentimens qui existaient entre les partisans de *Dieu vous bénisse,* ou de *Dieu vous protége,* ceux de *tirez baguette,* ou *remettez ette,* n'étaient pas les seuls qui divisaient le Sisikankan. Bourloudoudour, en cherchant à concilier les esprits de ce peuple léger, avait remis en question les principes les plus simples. Les uns voulaient tout avoir, les autres prétendaient tout garder ; delà grande cacophonie. L'analyse et la définition des choses variaient à l'infini. Celui-ci assurait que les meilleures institutions n'étaient bonnes qu'autant qu'elles étaient vieilles ; cet autre, au contraire, prétendait que les nouvelles valaient mieux que les anciennes. Ils eussent pu rapprocher l'une ou l'autre bosse, avec quelques variations ; mais, l'intérêt particulier, mobile des passions du plus grand nombre, élevant sa tête hideuse, commandait à l'intérêt général. On prenait des rêves d'autrefois pour des faits d'aujourd'hui. Mosrour, automate politique qui avait toujours

porté sa bosse *à droite*, vieilli dans une haine insensée
pour tout ce qui n'était pas priviléges, les réclamait
avec force ; il était parvenu à avoir quelques échos, et il
était tout étonné lui-même de se faire comprendre par
quelqu'un. Nadir, son antagoniste, n'avait jamais voulu
que sa *bosse gauche* quittât sa place ; jeune encore, il avait,
dans un sens opposé, un système aussi faux que celui
du vieillard Mosrour : suivant lui, le peuple Sisikankanois avait des droits autres que ceux qu'il possédait,
et il fallait encore des luttes intestines pour les lui faire
acquérir ; malheureux, qui ne voyait pas que, quittant
un bien acquis pour courir après un mieux idéal, il ap-
pelait au sein de sa belle patrie la guerre civile, l'incen-
die et le sang ! Ainsi, lorsqu'un voyageur, incertain sur
la route qu'il doit suivre, voit une lumière vacillante,
elle lui sert de guide ; il court après elle, et le malheureux en tombant dans quelques précipices voit trop
tard qu'il n'a suivi qu'un feu follet : ainsi, le peuple
Sisikankanois, entraîné par plusieurs espèces d'empiri-
ques qui lui proposaient des remèdes à des maux qu'il
n'avait pas, se tourmentait de mille manières, menait
une vie pénible et agitée. Ce peuple courait comme un
énergumène après des plans faux et chimériques, il ne
s'apercevait du ridicule qu'on lui donnait, et des énormes sottises qu'il faisait, que lorsque la horde inique
et insensée des jongleurs qui prétendaient le conduire,
au lieu du bonheur et de la félicité, qu'elle lui avait si
fort vantée, ne lui présentait plus sur l'une ou sur
l'autre épaule qu'une masse de chair tellement volu-
mineuse qu'il ne pouvait plus se redresser, et qu'accablé sous le faix, les autres nations ne le distinguaient
que sous le nom du peuple aux bosses.

CHAPITRE XVI.

—

INGÉNIEUSE MANIÈRE DES COURTISANS POUR DISSIMULER LEURS BOSSES.

Elle se plie à tout ; telle est la cour, seigneur :
C'est le pouvoir qu'elle aime, et non pas l'empereur.

IL était impossible que les bosses parvinssent à plaire à tout le monde. Les unes étaient fort arrondies, leurs poids étaient sensibles, les autres maintenaient l'équilibre ; elles étaient le sujet de railleries très-piquantes, et avaient souvent provoqué des scènes divertissantes. Un fait merveilleux, c'est que chaque Sisikankanois, voyait très-bien la grosseur de celle de son voisin, mais que la sienne lui paraissait si petite, si petite, qu'il la croyait imperceptible : elle était loin de lui paraître insupportable ; aussi, soit qu'il la portât à droite ou à gauche, il la considérait comme un embellissement, comme un don ajouté aux graces de la nature. Cependant, il est vrai d'ajouter que c'est surtout dans les hommes dont l'épaule avançait à gauche et refusait à droite, qu'on exagérait par sentiment de convenances le mal qu'elle faisait éprouver, qu'on paraissait content et dispos, tandis qu'on chancelait à chaque pas, et que la pesanteur de la bosse rendait la marche très-difficile. Cela n'est pas étonnant, la plupart des Sisikankanois qui portaient leurs bosses de cette manière étaient des financiers ou des parvenus d'hier. Ils étaient eux-mêmes tout étonnés de la consistance sociale qu'ils avaient acquise ; les uns la devaient à Avanturasanfin, qu'ils avaient maintenant l'impudeur de renier hautement ; les autres la devaient aux dilapidations qu'ils avaient faites de la fortune publique. Aussi le bon peuple Sisikankanois se vengeait-il par des plaisanteries et des quolibets sans cesse renouvelés de leur hauteur et de leur fierté : fierté qu'il savait pardonner à l'ancienne caste de Brama, mais qui ne pouvait qu'exciter sa pitié dans des plébéiens orgueilleux. Les courtisans portaient leurs bosses d'une manière toute particulière, ils l'embellissaient par l'or et les pierreries avec lesquels il la cachaient ; mais, crainte d'accidens, cette classe d'hommes habiles et adroits se tenait tellement raide en marchant, que, dissimulée, elle se trouvait chez eux placée perpendiculairement entre les deux épaules. Alors la proéminence de l'abdomen plaçait leur tête entre deux promontoires dont ils semblaient tirer double vanité.

CHAPITRE XVII.

ENCORE UN MOT DE L'ORPHELINE.

On fait le mal, on fait le bien,
Et toujours en son nom, sans qu'elle en sache rien.

On ne s'entretenait dans l'univers entier que des bosses sisikankanoises. On parlait bien encore d'Avanturasanfin, des millions d'hommes de toutes les nations et de toutes les classes qu'il avait déplacés étaient forcés de se rappeler les vertus et les travers de ce génie, dont la vie est écrite en caractères ineffaçables dans le livre de la destinée des peuples ; mais on n'en parlait plus que pour citer la patience et la résignation qu'il avait fait paraître près d'entrer dans les abimes de l'éternité. Toutes les pensées étaient portées vers le grand acte politique du Sandchérote, qui, devant embellir l'existence de l'orpheline de Bourloudoudour, allait lier à jamais les temps passés au temps présent, en assurant un système protecteur pour toute les bosses, système provoqué au nom de l'orpheline, qui ne s'en doutait pas !

CHAPITRE XVIII.

—

SCRUTIN PRÉPARATOIRE POUR LE SANDÉHÉROTE.

LA BOSSE GAUCHE.

Nommez les miens !

LA BOSSE DROITE.

Les miens !

LA BOSSE GAUCHE.

Ils sont mauvais.

LA BOSSE DROITE.

Très-bons.

LES DEUX BOSSES, *à part.*

Tu ne veux pas des miens !!! ah ! parbleu, nous verrons !

Moroproprio tenait des assemblées qui, sans être publiques, jouissaient d'une certaine célébrité. On y agitait la grande question à l'ordre du jour, celle d'empêcher Pagnaclipol d'absorber toutes les épaules sisikankanoises, et de les tourner à droite; on y discutait les principes qui sont communs à toutes les nations ou bien faites ou bossues. Malheureusement, il arrivait souvent que, la passion égarant des hommes qui n'auraient jamais dû s'égarer, la calomnie et l'injure grossière remplaçaient le bon sens et la raison. Il arrivait aussi que les épithètes d'ambitieux, de pervers, d'ingrat, remplaçaient celles dont Versatiligo s'était servi dans des fêtes brillantes, lorsqu'il célébrait l'époque la plus remarquable du Sisikankan. Il arrivait encore que quelques fanatiques envieux et implacables , appelant à leur aide l'erreur et l'hypocrisie, feignaient d'ignorer que c'était à Bourloudoudour, à son orpheline , et à la grande influence qu'elle exerçait sur les esprits , qu'on devait les arts utiles qui avaient embelli et enrichi le Sisikankan , fait le bonheur de la nation et éclairé le monde. Si Moroproprio réunissait quelques personnages faux et égarés , d'un autre côté , les amis de la bosse gauche , une torche dans une main , et un poignard dans l'autre , ébranlaient la base de l'ordre social établi , et prétendaient commander à Hercantas lui-même. Souvent , appelant à leur aide la fraude , la calomnie , la violence , ils voulaient , avec ses auxiliaires , asservir l'espèce humaine. Ils prétendaient que toute liberté était odieuse aux amis de la bosse droite, qu'ils la proscrivaient ; ils disaient que ceux-ci ne savaient sacrifier aucune de leur prétention , ni souffrir aucun perfectionnement dû au temps et aux mœurs ; qu'ils demandaient l'obscurité et l'ignorance , parce que l'ignorance et l'obscurité pouvaient seules étayer leur funeste système. C'est entre les deux écueils que leur cachaient, avec art , les différens bossus qui préconisaient la droite ou la gauche, que les Sisikankanois, avec des élus moins spirituels , mais plus tolérans que les premiers , moins passionnés, mais plus patriotes que les seconds , devaient choisir des mandataires remplis du désir de signaler leur zèle pour Hercantas et pour la patrie.

CHAPITRE XIX.

—

Y VIENDRONS - NOUS ?

Nos choix se porteront sur le plus honnête homme.
Chacun dira qu'il faut que ce soit lui qu'on nomme.

LES partisans de *Dieu vous bénissse*, jaloux de maintenir la supériorité de la nouvelle loi sur le pouvoir de l'ancienne, envoyèrent dans toutes les provinces du Sisikankan des hommes instruits, capables de les seconder et d'obtenir les nominations en leur faveur ; de leur côté, les admirateurs de *Dieu vous protége* et de *tirez la baguettece* firent voir que Moroproprio et ses adhérens ayant abusé d'un instant de prospérité, il était dangereux aux Sisikankanois de s'en rapporter à leurs belles paroles, puisque leurs actions les démentaient ; qu'il était urgent, dans les temps difficiles où l'on se trouvait, d'envoyer au Sandéhérote, non des ambitieux capables de s'élever contre l'autorité souveraine, sous prétexte de défendre le peuple qui n'était pas attaqué ; non des démocrates capables de tyranniser avec souplesse au nom d'un pouvoir qu'ils exerceraient eux-mêmes ; non des impies, attaquant le dogme de la foi et capables de renverser les appuis sacrés du bonheur public ; mais des hommes susceptibles de toute noble action , ayant l'honneur pour guide , et ne recevant leurs impressions que de la vertu. Des nominations que les Sisikankanois allaient faire, devaient dater pour ce peuple une nouvelle ère de prospérité , de bonheur et de gloire. Quinze ans de paix avaient considérablement augmenté sa population et agrandi son industrie. Une jeunesse devenue studieuse, de légère qu'elle était auparavant, s'était livrée tout entière aux sciences abstraites et comtemplatives, et elle y avait fait des progrès immenses ; mais ces sciences métaphysiques égaraient quelquefois son jugement précoce, ou plutôt d'astucieux spéculateurs politiques se servaient de sa jeune inexpérience, comme d'un lévier, pour soulever les masses populaires. Mais les uns penchant à gauche, les autres à droite, chaque parti exaltant le candidat qu'il présentait , les Sisikankanois se trouvaient placés dans une situation très-embarrassante; un seul mauvais choix pouvait faire sombrer le vaisseau de l'Etat. Ce peuple, quoique léger, était doué d'une grande dose de bon sens ; ce bon sens lui avait été souvent utile : dans cette circonstance critique et épineuse, pourrait-il l'abandonner?

CHAPITRE XX.

—

QUI CHOISIRA-T-ON ?

Entre ces deux partis, dis-moi, qui va-t-on prendre?
— Je les crains tous les deux : ils sont tous deux à vendre.

LE grand jour du scrutin ayant été désigné, aussitôt les différens bossus, chargés des instructions de leurs chefs, se mirent en campagne. Ils devaient faire merveille, ils échouèrent complètement. Le peuple, qui, ainsi que l'âne de la fable, n'en paye pas moins. que l'on tourne à droite ou à gauche, ne se laissa pas prendre à leurs paroles insinuantes; vainement, lui dirent-ils, qu'il allait être dégagé de toutes entraves, et commander au pays au lieu du souverain. Cette pensée, qui aurait pu entraîner une nation moins expérimentée, ne pouvait que la faire frémir par des souvenirs récens d'une catastrophe sanglante. La vérité n'est qu'une, elle n'a qu'une face, et cependant elle s'annonçait aux Sisikankañois sous deux aspects totalement différens. Entraîné par une impulsion trop forte ou trop faible, d'un ou d'autre côté, ce peuple aura-t-il la sagacité nécessaire pour reconnaître ses amis de ses ennemis?

CHAPITRE XXI.

GRANDES MENÉES DES DIFFÉRENS BOSSUS.

Écoutons le bon sens, songeons à l'avenir ;
Pour le salut commun, il faut nous réunir.

Esmaleck, envoyé de Moroproprio, se présenta le premier. Il faisait voir aux quatre-vingt mille Sisikankanois, qui allaient s'échauffer et se déplacer bien ou mal à propos, pour faire des choix bons ou mauvais, les avantages de la liberté, ceux que le pays avait gagnés depuis trente ans ; il frappait d'un sceau indélébile les ignorans et les persécuteurs. Accoutumé qu'il était depuis nombre d'années à soutenir toutes sortes de propositions, pour ou contre selon l'intérêt de sa bosse, il n'était jamais en défaut. Il éprouvait une secrète complaisance et avait un grand mouvement de satisfaction à haranguer ; aussi sa vanité perçait-elle dans tous ses discours ? Tahir, son adversaire, parcourait les mêmes lieux que lui : l'un disait blanc, l'autre disait noir ; l'un voulait des bosses gauches, l'autre n'aspirait qu'à voir des bosses droites. Pour les mettre d'accord, les Sisikankanois, nés un peu bouffons, ne choisirent ni les unes ni les autres.

CAAPITRE XXII.

SOUPLESSE DES BOSSUS POUR ARRIVER AU SANDÉHÉROTE.

Ramène parmi nous la concorde et la paix,
— Et que notre union soit un de tes bienfaits.

Esmaleck s'adressait à la multitude, et la multitude ne manque pas de sens ; simple et raisonnable, elle comprend qu'il faut être juste pour être vertueux ; elle écoute la voix de son cœur, qui ne peut que la bien inspirer. Elle aime la liberté due à de sages efforts ; elle chérit cet équilibre politique où le prince, tout-puissant pour faire le bien, n'a point de volonté pour faire le mal ; où la noblesse n'existe que de nom, puisque tous sont égaux devant la loi, et où les mandataires qui la représentent forment une juste balance qui lie les trois pouvoirs. Cependant, tout en sachant distinguer la vérité du mensonge, le bon esprit du mauvais, cette multitude était effrayée, en pensant que pour établir cette sage liberté, il avait fallu qu'elle fût cimentée dans des flots de sang ; elle redoutait de nouvelles fourberies, de nouvelles cruautés, et voulait jouir, en dépit de menées sourdes, des avantages qu'elle avait acquis. Esmaleck aborda, la veille du scrutin, un de ces hommes paisibles, dégagés de tout fanatisme politique, et le dialogue suivant s'établit entre eux.

— Eh bien, mon cher Magymnophoso, dit Esmaleck, je remarque dans l'amertume de mon cœur que le pays est bien tiède à tout ce qui se passe. J'ai beau parler à vos amis du *Sandéhérote*, de devoirs et de droits, à peine m'écoutent-ils?

M..... — Nous ne croyons pas à l'ambition qui, dit-on, veut nous opprimer. Nous jouissons de tout ce que nous possédons, et c'est parce que nous connaissons nos droits que nous voulons que les choix que nous devons faire ne nous soient pas imposés.

E..... — Ainsi vous n'êtes pas pour les bosses droites ?

M..... — Du tout.

E..... — Pour les bosses gauches ?

M..... — Encore moins.....

E..... — Que voulez-vous donc ?

M..... — Choisir les vertus avant la naissance, le commerce et l'industrie avant les arts frivoles. Que m'importent les bosses ?

E..... — C'est ce que nous voulons aussi.

M..... — Vos actions démentent vos paroles.

E..... — Je demande une rétractation authentique.

M..... — J'y consens, si j'ai tort. Relevé par de sourdes intrigues, le parti auquel vous appartenez n'a-t-il pas cherché à jeter l'état dans le trouble et le désordre. Lorsque le peuple sisikankanois se repose en paix de ses longues fatigues à l'abri d'institutions tutélaires, lorsque le sentiment de l'honneur, exalté en lui, le porte aux plus grandes choses, vous et les vôtres n'avez-vous pas prétendu lui inspirer des sentimens haineux ! n'avez-vous pas, dans des satires dégoûtantes , voulu couvrir d'opprobre un prince digne de vos respects, et qui a eu le bon esprit de se moquer de vos lâches diatribes.

E..... — Vous êtes sévère. Ce que nous avons fait, il fallait le faire. Nous combattons les préjugés, parcequ'ils portent préjudice à l'État.

M..... — Si vous combattiez courageusement les préjugés, qui ne vous applaudirait? Mais vos paroles ne peuvent me tromper; j'ai vu vos actions, et ce sont elles que je juge. Au lieu de rompre les chaînes de l'ignorance, vous avez cherché à les rendre plus pesantes; au lieu d'être pacifiques, vous avez été intolérans; au lieu de cette ancienne urbanité, partage de nos vieilles familles brachmanes, qu'ai-je vu chez vous après votre élévation au sandéhérote? de l'arrogance, de la fatuité et de l'orgueil.

E..... — En vérité, je ne pensais pas.....

M..... — Rappelez-vous mon voyage dans la ville capitale : vous m'aviez promis votre protection; vous vouliez, avant votre arrivée au pouvoir, placer mon fils, me présenter à la Cour; vous caressiez jusqu'à mon chien. Je vois tous mes amis, je leur parle de vous, je vous présente..... vous êtes nommé..... je pars, et votre porte est close... et un valet insolent me chasse de votre nouveau palais. On vous en a chassé à votre tour... vous voulez y rentrer... cherchez d'autres dupes de vos belles phrases..... je ne puis rien pour vous...

Tahir se présenta un instant après la retraite d'Esmaleck, il ne fut pas mieux reçu que lui..... On lui reprocha de vouloir absorber à son profit, par une faiblesse d'autant plus inexcusable qu'il n'en avait pas besoin , les différentes bosses sisikankanoises. On lui reprocha , lorsqu'il aurait dû être l'emblème de la bonne foi et de la droiture , d'avoir suivi souvent une route tortueuse : on lui reprocha d'avoir voulu diminuer l'influence des arts utiles , en cherchant à rétablir des abus qui exposent le plus grand nombre à la tyrannie du petit. Ces reproches étaient-ils fondés ? le temps nous l'apprendra ; car , qui peut descendre au fond de l'âme des hommes politiques, et connaître leurs secrets sentimens. Parvenus au faîte du pouvoir et des honneurs , agissent-ils avec les principes qu'ils professaient avant d'y monter ? Un parti qui triomphe n'est-il pas implacable envers le parti qu'il a vaincu, jusqu'à ce qu'il soit absorbé à son tour par un parti plus fort que lui ? Espérons pour l'honneur de l'humanité qu'il n'en sera pas ainsi. ; espérons que les partis qui divisent le Sisikankan vont tous se réunir pour choisir des hommes norables, dignes du prince et de la patrie , ennemis de tous les excès, et modérés dans leurs vues sociales et politiques.

CONCLUSION.

—

Dans ton eternité, je m'élance vers toi,
Et la douce espérance est encore avec moi.

La raison d'état parle, c'est elle qui doit être écoutée : chaque Sisikankanois élisant doit envoyer au Sandéhérote les *parsis* qu'il croit meilleurs que les autres, qui parlent peu mais agissent bien, qui veulent rétablir l'harmonie entre tous les corps de l'état, et qui comme hommes chérissent tous les hommes, quelles que soient d'ailleurs leurs bosses. Et toi, puissance céleste, Dieu de bonté, protecteur de tout ce qui respire, aie pitié de la faiblesse des Sisikankanois, éclaire-les dans les choix qu'ils vont faire! Tous les systèmes sont bons s'ils tendent à se rapprocher de toi. Qu'importe à ta sagesse que les hommes s'apostrophent, lorsqu'ils éternuent, par un *Dieu vous bénisse*, ou par un *Dieu vous protége?* qu'importe à ton immensité qu'en tirant cette baguette qui va faire entrer le plomb avec plus de force dans l'instrument homicide qui doit envoyer la destruction à l'un de leurs semblables, ils se servent des mots sacramentels *tirez baguette* ou *tirez ette*, s'ils n'en sont pas meilleurs? Jette un œil de compassion sur cette fourmillière ; vois les insectes qui la couvrent s'agiter en tous sens, vois-les conduits par l'ambition, la haine, la cupidité ; vois-les ne s'occuper qu'à se nuire, qu'à s'entre-déchirer. Père de tous les êtres, fais un nouveau miracle en faveur de tes enfans Sisikankanois; que les choix qu'ils vont faire soient dignes de toi; et puisque les habitans de cette terre sont créés à ton image, puisqu'ils ont quelque chose de ta sublime essence, que ce soit l'esprit de ta sagesse qui les dirige!

FIN.

9 782013 446754